Verborgene Worte

Aus dem Arabischen

Eine Auswahl
aus den Bahá'í-Schriften

O Sohn des Geistes!

Dies ist Mein erster Rat:

Besitze ein reines, gütiges und

strahlendes Herz, damit du

unvergängliche Souveränität

erlangest, während von

Ewigkeit zu Ewigkeit.

O Sohn des Menschen!

Verhüllt in Meinem unvordenklichen Sein und in der Urewigkeit Meines Wesens, wußte Ich um Meine Liebe zu dir. Darum erschuf Ich dich, prägte dir Mein Ebenbild ein und offenbarte dir Meine Schönheit.

O Sohn des Menschen!

Ich liebte es, dich zu erschaffen, also erschuf Ich dich. Nun liebe du Mich, damit Ich deinen Namen nenne und deine Seele mit dem Geiste des Lebens erfülle.

O Sohn des Seins!

Liebe Mich, damit Ich dich liebe.

Wenn du Mich nicht liebst, kann Meine Liebe dich niemals erreichen. Erkenne dies, o Diener!

O Sohn des Seins!

Dein Paradies ist Meine Liebe. Deine himmlische Heimstatt Wiedervereinigung mit Mir. Tritt ein ohne Zaudern. So wurde es dir in Unserem himmlischen Reich und Unserer erhabenen Herrschaft bestimmt.

O Sohn des Menschen!

Wenn du Mich liebst, wende dich ab von dir, und wenn du Mein Wohlgefallen suchst, achte nicht auf deines, damit du in Mir vergehest und Ich ewig lebe in dir.

O Sohn des Geistes!

Von allem das Meistgeliebte ist Mir die Gerechtigkeit. Wende dich nicht ab von ihr, wenn du nach Mir verlangst, und vergiß sie nicht, damit Ich dir vertrauen kann. Mit ihrer Hilfe sollst du mit eigenen Augen sehen, nicht mit denen anderer, und durch eigene Erkenntnis Wissen erlangen, nicht durch die deines Nächsten. Bedenke im Herzen, wie du sein solltest.

Wahrlich, Gerechtigkeit ist Meine Gabe und das Zeichen Meiner Gnade. So halte sie dir vor Augen.

O Sohn des Wortes!

Du bist Meine Burg.

Tritt ein, auf daß du sicher wohnest.

Meine Liebe ist in dir.

Erkenne dies, damit du Mich nahe findest.

O Sohn des Geistes!

Kein Frieden ist dir beschieden, es sei denn, du entsagst deinem Selbst und wendest dich Mir zu. Denn es ziemt dir, dich Meines Namens zu rühmen und nicht des deinen, dein Vertrauen in Mich zu setzen und nicht in dich, will Ich doch allein und über alles geliebt sein.

O Sohn des Menschen!

Du bist Mein Besitz, und Mein Besitz vergeht nicht. Warum fürchtest du deine Vergänglichkeit? Du bist Mein Licht, und Mein Licht verlöscht nie. Warum fürchtest du dein Verlöschen? Du bist Meine Herrlichkeit, und Meine Herrlichkeit schwindet nicht. Du bist Mein Gewand, und Mein Gewand veraltet nicht. So bleibe in deiner Liebe zu Mir, damit du Mich im Reiche der Herrlichkeit findest.

O Sohn des Seins!

Du bist Meine Lampe, und Mein Leuchten ist in dir. Entnimm daraus dein Licht und suche niemanden als Mich, denn Ich habe dich reich erschaffen und Meine Gunst über dich ergossen.

O Sohn des Menschen!

Laß dir genügen an Mir und suche keinen anderen Helfer, denn keiner außer Mir kann dir jemals genügen.

O Sohn des Geistes!

Erbitte nicht von Mir, was Wir nicht für dich wünschen. Sei darum zufrieden mit dem, was Wir für dich bestimmt haben, denn das ist, was dir nützt, wenn du dich damit begnügst.

O Sohn des Geistes!

Mein Recht auf dich ist groß und nicht zu vergessen. Meine Gnade für dich ist überreich und nicht zu verschleiern. Meine Liebe wohnt in dir und ist nicht zu verbergen. Mein Licht ist dir offenbar und nicht zu verdunkeln.

O Sohn des Geistes!

Edel erschuf Ich dich, doch du erniedrigst dich. So erhebe dich zu dem, wozu du erschaffen bist.

O Sohn des Höchsten!

Zum Ewigen rufe Ich dich, doch du suchst das Vergängliche. Was ließ dich Unseren Wunsch mißachten und deinem eigenen folgen?

O Sohn des Menschen!

An den Baum strahlender Herrlichkeit habe Ich dir die erlesensten Früchte gehängt. Warum kehrst du dich ab und gibst dich mit Schlechterem zufrieden? Komm zurück zu dem, was besser für dich ist im Reiche der Höhe.

O Sohn des Geistes!

Protze nicht vor dem Armen, denn Ich führe ihn auf seinem Wege, sehe dich in deinem Jammer und verwerfe dich für alle Zeit.

O Sohn des Menschen!

Verleugne Meinen Diener nicht, wenn er etwas von dir erbittet,

denn sein Antlitz ist Mein Antlitz. So schäme dich vor Mir.

O Sohn des Seins!

Wie konntest du deine eigenen Fehler vergessen und dich mit den Fehlern der anderen befassen?

Wer solches tut, ist von Mir verworfen.

O Sohn des Seins!

Mute keiner Seele zu,

was andere dir nicht

zumuten sollen, und

sprich nicht von dem,

was du nicht tust.

Dies ist Mein Gebot

an dich.

Gehorche ihm!

O Sohn des Menschen!

Sprich nicht über die Sünden anderer, solange du selbst ein Sünder bist. So du dieses Gebot übertrittst, bist du verworfen – dies bezeuge Ich dir.

O Sohn des Seins!

Lege dir selbst jeden Tag Rechenschaft ab,
ehe du zur Rechenschaft gezogen wirst.
Denn unerwartet kommt der Tod, und dann
mußt du deine Taten verantworten.

O Sohn des Höchsten!

Den Tod machte Ich dir zum Boten der
Freude. Warum bist du traurig?
Das Licht erschuf Ich, dich zu erleuchten.
Warum verhüllst du dich vor ihm?

O Sohn des Geistes!

Mit der freudigen Botschaft des Lichtes grüße Ich dich: Freue dich! Zum Hofe der Heiligkeit rufe Ich dich: Wohne darin, damit du ewig in Frieden lebest!

O Sohn des Menschen!

Gräme dich nicht, außer du bist Uns ferne; und freue dich nicht, außer du kommst Uns nahe und kehrest zu Uns zurück.

O Sohn des Menschen!

Frohlocke vor Herzensfreude, damit du würdig seiest,

Mir zu begegnen und Meine Schönheit widerzuspiegeln.

O Sohn des Menschen!

Für alles gibt es ein Zeichen. Das Zeichen der Liebe ist Standhaftigkeit in Meinem Ratschluss und Geduld in Meinen Prüfungen.

O Sohn des Menschen!

Meine Trübsal ist Meine Vorsehung. Äußerlich ist sie Feuer und Züchtigung, zuinnerst aber Licht und Gnade. Eile ihr entgegen, auf daß du ein ewiges Licht und ein unsterblicher Geist werdest. Dies ist Mein Gebot an dich, beachte es!

O Sohn des Menschen!

Ist Wohlstand dir beschieden, so juble nicht, und

ist Erniedrigung dein Los, so gräme dich nicht;

denn beides wird vergehen und nicht mehr sein.

O Sohn des Seins!

Wenn du dein Herz auf das zeitlose, unvergängliche Reich und das urewige Leben richtest, dann entsage der sterblichen, flüchtigen Herrschaft!

O Sohn des Seins!

Nicht auf diese Welt richte dein Sinnen und Trachten, denn im Feuer prüfen Wir das Gold und mit Gold prüfen Wir Unsere Diener.

O Sohn des Menschen!

Du verlangst nach Gold, und Ich wünsche, daß du dich von ihm lösest. Du wähnst dich reich in seinem Besitz, wo Ich in der Heiligung davon deinen Reichtum sehe.

Bei Meinem Leben! Dies ist Mein Wissen, jenes dein Wahn – wie paßt beides zueinander?

Anhang

„Dies ist herabgekommen aus dem Reiche der Herrlichkeit, gesprochen mit der Zunge der Kraft und Macht und einstens offenbart den Propheten. Als Zeichen der Gnade für die Gerechten haben Wir den Wesenskern daraus entnommen und in das Gewand der Kürze gekleidet, damit sie dem Bunde Gottes die Treue halten, Gottes Pfand durch ihr Leben einlösen und im Reiche des Geistes den Edelstein göttlicher Tugend erlangen."

Mit diesen Worten leitet Bahá'u'lláh, 1817 – 1892, der Stifter der Bahá'í-Religion, die „Kalimát-i-Maknúnih", die „Verborgenen Worte", ein. Er offenbarte diese Texte um 1858 an den Ufern des Tigris, im heutigen Irak. Sie bestehen aus zwei etwa gleich großen Teilen mystischer und ethischer Sinnspüche, der eine in Persisch, der andere in Arabisch. Das vorliegende Büchlein ist eine Auswahl aus den im Original persischen Texten.

Bibliografische Information Der Deutschen Bibliothek
Die Deutsche Bibliothek verzeichnet diese Publikation in der Deutschen Nationalbibliografie; detaillierte bibliografische Daten sind im Internet über http://dnb.ddb.de abrufbar.

D–65719 Hofheim 2003 — 160
Cover- und Bildauswahl: Riaz Missaghian
ISBN 3-87037-403-9
Buchnr.: 421-171

O Menschenkinder!

Wißt ihr, warum Wir euch alle aus dem gleichen Staub erschufen? Damit sich keiner über den anderen erhebe. Bedenket allzeit in eurem Herzen, wie ihr erschaffen seid. Da Wir euch alle aus dem gleichen Stoff erschufen, ziemt es euch, wie *eine* Seele zu sein, auf selbem Fuße zu wandeln, in gleicher Weise zu essen und im selben Lande zu wohnen, auf daß aus eurem innersten Wesen durch eure Werke die Zeichen der Einheit und das Wesen der Loslösung offenbar werden. Solches rate Ich euch, o Scharen des Lichts. Achtet wohl auf diesen Rat, damit ihr die heiligen Früchte vom Baume wundersamer Herrlichkeit erlanget.